"*Pages actuelles*" 1914-1916

Quatre Discours

et

Une Conférence

PAR

Adrien MITHOUARD

Président du Conseil Municipal de Paris

BLOUD et GAY, Editeurs

PARIS-BARCELONE

Quatre Discours

et

Une Conférence

PAR

Adrien MITHOUARD

Président du Conseil Municipal de Paris

BLOUD & GAY

Editeurs

PARIS, 7, Place Saint-Sulpice
Calle del Bruch, 35, BARCELONE
1916

Tous droits réservés

RÉCEPTION SOLENNELLE, DANS LA SALLE DES SÉANCES, DE M. CARTON DE WIART, VICE-PRÉSIDENT DU CONSEIL DES MINISTRES DU ROYAUME DE BELGIQUE ET DES CONSEILLERS COMMUNAUX BELGES PRÉSENTS A PARIS.

(20 décembre 1914)

Le dimanche 20 décembre 1914, tandis que dans toutes les communes de France le petit drapeau belge était vendu au profit des réfugiés de l'héroïque Belgique, la Municipalité de Paris recevait en séance solennelle à l'Hôtel de Ville, dans la salle des délibérations du Conseil municipal, M. Carton de Wiart, vice-président du Conseil des ministres du royaume de Belgique, et les conseillers communaux belges présents à Paris.

A cette cérémonie prenaient part, notamment, M. René Viviani, président du Conseil ; M. Aristide Briand, garde des sceaux ; M. Delcassé, ministre des Affaires étrangères ; M. le baron Guillaume, ministre plénipotentiaire de Belgique à Paris ; M. le baron Beyens, ancien ministre plénipotentiaire de Belgique à Berlin, et un certain nombre de notabilités belges et françaises.

Après l'exécution de la *Brabançonne* et de la *Marseillaise*, M. Adrien Mithouard, président du Conseil municipal, ouvrit la séance par le discours suivant :

I

Monsieur le Président,

Je suis assuré de répondre à votre sentiment, comme à celui de M. le Président du Conseil et des membres du Gouvernement français qui nous ont fait l'honneur de se rendre à notre invitation, je suis sûr de traduire la pensée de mes collègues et de la population parisienne, si je vous propose d'ouvrir cette séance solennelle en adressant un fervent et respectueux hommage à Leurs Majestés le roi Albert et la reine Elisabeth. (*Applaudissements.*)

Objet, dès leur avènement, de l'amour de leur peuple, les voici qui, pour s'être élevés à la hauteur des événements les plus tragiques, ont pris place désormais parmi les plus grandes figures de l'histoire. (*Vifs applaudissements.*)

La sublimité et la constance de leurs résolutions ont propagé à travers un monde qui se déshabituait de l'héroïsme un frémissement d'admiration; Paris et la France partagent le sentiment de l'univers, mais il se nuance chez nous d'une émotion intime et profonde, dont je vous prie, pour autant qu'il m'appartient de le faire, d'offrir à Leurs Majestés le sincère témoignage. (*Applaudissements prolongés.*)

Monsieur le Président,
Messieurs les Conseillers communaux,

C'est avec fierté que nous vous accueillons dans notre Hôtel de Ville.

Il ne s'était pas encore rencontré dans l'histoire qu'un peuple pacifique, loyal et bon, et qui tirait toute sa gloire de son antique labeur, eût été, comme vous venez de l'être, avec une sauvagerie qui n'eut d'égale en aucun temps, dépouillé de sa terre, molesté dans ses citoyens, outragé dans les monuments de sa tradition.

Nous n'y avions jamais lu qu'une patrie avait dû un jour se transporter hors de chez elle pour rester elle-même, et sacrifier ses foyers pour sauver son nom.

C'est la gloire de la Belgique de s'être offerte à tant de souffrances pour n'avoir pas voulu consentir le sacrifice de l'honneur. (*Bravos et applaudissements.*)

Devant la plus formidable des menaces, c'est son impérissable gloire de s'être noblement rangée à la morale de notre civilisation d'Occident et d'avoir opposé au péril la simplicité de son droit. (*Applaudissements.*)

Quand le FLÉAU prophétiquement décrit par votre poète Emile Verhaeren s'est abattu chez vous, vous vous êtes souvenu du vers fameux de l'un des nôtres :

Tout homme a deux pays, le sien et puis la France.

Vous avez arboré sur le sol français votre drapeau, lui aussi tricolore.

Après cet héroïque refus et ces longues épreuves, il nous faudra dire désormais de tout homme de toute nation resté fidèle à la religion de l'honneur, qu'il est devenu citoyen de la Belgique. (*Très bien! Très bien!*)

Votre cause est la cause du monde entier. (*Bravos.*)

Aussi inscrirons-nous à une place insigne dans nos fastes la visite que vous faites à notre Maison communale dans le moment que ces grandes choses s'accomplissent.

Nous pensons au reste que lorsqu'un citoyen belge pénètre dans un Hôtel de Ville de France, il a toujours quelque droit de se reconnaître un peu chez lui.

Votre Patrie fut le berceau des libertés municipales. Toutes ces tours dressées, toutes ces flèches lancées dans le ciel qui sont la parure de vos villes et des nôtres, beffrois ou cathédrales, commémorent l'affranchissement de la vieille commune. C'est là que l'ennemi a frappé quand il voulut nous atteindre dans ce que nous avions de plus sacré. Et la grande Commune qui vous reçoit aujourd'hui ressent elle-même comme une injure l'affront récent du barbare à vos incomparables monuments. (*Vifs applaudissements.*)

Votre présence au milieu de nous, pendant ces jours de guerre, évoque, dans un poignant contraste, les temps pacifiques où nous échangions de cordiales visites avec vos municipalités.

Sans doute un mystérieux pressentiment nous poussait alors les uns vers les autres et nous avertissait de nous fier à cet instinct profond qui jette tout à coup les hommes et les peuples dans leurs amitiés naturelles. (*Très bien !*)

Nous venions d'avoir l'honneur et le plaisir de recevoir vos souverains. Dans ce Paris si prompt à l'intelligence et tellement sensible aux nuances de la parole et du geste, ils avaient conquis tous les cœurs, le Roi par sa haute mine et son regard doucement volontaire, la Reine par sa bonté souriante et sa très simple grâce.

Nous avions accepté avec joie de participer à l'Exposition de Bruxelles et nous avions fait de notre mieux pour que notre effort fût digne de vous et de nous.

Aussi lorsque nous furent adressées les invitations de Bruxelles, d'Anvers, de Gand et de Liége, avec quel empressement nous y avons répondu !

C'est une de nos plus chères idées qu'en dehors et à côté des gouvernements dont le langage ne saurait être que celui de la raison, il appartient aux municipalités de parler plus librement le langage du cœur et de traduire avec une spontanéité affectueuse ces affinités que créent entre deux nations des intérêts communs, des aspirations pareilles.

L'accueil qui nous fut fait montra combien nous avions été compris et nous avons gardé de ce voyage, comme de la visite que nous rendirent quelques mois après nos hôtes d'alors, entre lesquels se dégage le visage énergique de M. Max, bourgmestre de Bruxelles (*Double salve d'applaudissements et bravos prolongés*), le souvenir d'une réunion fraternelle à laquelle les événements ont donné depuis lors l'importance d'une rencontre historique.

Nous ne nous doutions pas que notre amitié dût si tôt être mise à l'épreuve ; mais si elle devait l'être, nous ne doutions pas qu'elle ne se révélât magnifique de pureté, de force et de profondeur.

Je ne voudrais pas, Messieurs, en évoquant les splendeurs sensibles d'un des pays les plus chargés de beauté qu'il y ait au monde, risquer de raviver un deuil que nous partageons avec vous. Je n'ose même prononcer les chers noms de vos villes envahies de peur de céder à un attendrissement qui ne conviendrait pas à la gravité de la guerre.

Mais ce qu'il m'est permis de dire, c'est que jamais la Belgique, que nous avons admirée sous la merveilleuse parure de ses musées et de ses monuments, que nous avons aimée dans le bruissement d'une activité heureuse, ne nous est apparue si belle et si grande qu'aujourd'hui où nous la voyons muette et blessée.

Que les barbares s'acharnent contre vos édifices, vous avez construit avec votre âme un monument plus durable que l'airain et la pierre, un monument inaccessible aux atteintes du temps comme à celles de la barbarie, un monument visible des extrémités de la terre.

Vous avez dressé la patrie belge au milieu des nations, comme un monument de droiture et d'honneur. (*Longue salve d'applaudissements.*)

II

RÉCEPTION, DANS LA SALLE DES SÉANCES DE L'HOTEL DE VILLE, DE SON ALTESSE ROYALE LE PRINCE ALEXANDRE DE SERBIE.

(23 mars 1916)

Le jeudi 23 mars 1916, la municipalité de Paris recevait solennellement Son Altesse Royale le Prince Alexandre de Serbie.

Au seuil du palais municipal, le prince Alexandre et M. Raymond Poincaré, président de la République, qu'accompagnaient M. Aristide Briand, président du Conseil des Ministres, ministre des Affaires étrangères ; M. l'amiral Lacaze, ministre de la Marine ; M. Pachitch, président du Conseil des Ministres, ministre des Affaires étrangères de Serbie ; M. Vesnitch, envoyé extraordinaire et ministre plénipotentiaire de Serbie, ont été reçus par M. Adrien Mithouard, président du Conseil municipal ; M. M. Délanney, préfet de la Seine ; M. Laurent, préfet de Police ; M. Paris, président du Conseil général, et les membres du Bureau du Conseil municipal.

Après les présentations d'usage, Son Altesse Royale le prince Alexandre et M. Raymond Poincaré ainsi que M. Aristide Briand, M. l'amiral Lacaze, M. Pachitch, M. Vesnitch ont apposé leurs signatures sur le livre d'or de la Ville de Paris. M. le président du Conseil municipal fit remarquer à Son Altesse Royale, qui s'en montra très touchée, que la plume qu'Elle tenait en main avait servi au roi son père lorsqu'il fut reçu à l'Hôtel de Ville le 17 novembre 1911 et que, depuis cette réception, elle était conservée au musée Carnavalet.

Dans la salle des séances, où se tenaient les membres du Conseil municipal de Paris et du Conseil général de la Seine, l'entrée du cortège officiel fut saluée par la *Marseillaise* et l'*Hymne serbe* joués par la musique de la Garde républicaine.

Puis, M. Adrien Mithouard prit la parole :

Réception, dans la salle des séances de l'Hôtel de Ville, de Son Altesse Royale le prince de Serbie, le 23 mars 1916.

Monseigneur,

Au moment où j'ai le grand honneur d'accueillir, en présence de M. le Président de la République, Votre Altesse Royale, et de lui présenter les vœux du Conseil municipal de Paris, je suis sûr de répondre à votre sentiment comme de traduire l'unanime désir de la Cité, si mes premières paroles sont pour dédier à Sa Majesté le roi Pierre Ier l'hommage de notre sympathie profonde, ardente et respectueuse. (*Applaudissements.*)

Il y a quatre ans à peine, nous avions le privilège de recevoir ici le roi Pierre et de fêter en son auguste personne l'heureux artisan de la Renaissance serbe, le souverain d'un peuple ami, le prince chevaleresque qui, en 1870, avait mis son épée au service de la France. (*Nouveaux applaudissements.*)

Qui eût pu prévoir alors les alternatives de triomphes et de malheurs sans pareils qui étaient réservées à sa vieillesse?

Mais parmi de si prodigieux bouleversements, c'est un encouragement sublime pour ceux qui souffrent et pour ceux qui combattent que de contempler le grand exemple qu'il donne au

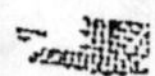

monde d'une âme maîtresse du corps qu'elle anime, plus forte que l'âge et que la maladie, constamment égale à la fortune, inébranlable dans ses amitiés, dans son vouloir et dans ses espérances. La victoire qu'il obtient sur soi-même retentit bien plus loin que toutes celles qu'il a remportées sur les champs de bataille. La beauté de cette noble figure qui s'élève au-dessus d'un monde déchaîné émouvra l'histoire et précipitera la justice. Elle soulève toutes nos puissances de vénération. (*Vive approbation.* — *Très bien ! Très bien !*)

Monseigneur,

Votre jeune renommée vous a précédé au milieu de nous. La Cité, joyeuse et fière d'accueillir le vainqueur de Koumanovo et de la Drina, salue en vous le nouveau David qui fit mordre la poussière au Goliath germanique. Avec une émotion plus poignante encore, elle cherche sur votre visage le reflet des longues souffrances que vous avez stoïquement endurées en conduisant à travers les montagnes glacées de l'Albanie le tragique exode de votre armée et de votre peuple. Mais la présence à vos côtés de M. le président du Conseil dont le patriotisme passionné et sage a, depuis le début de la crise orientale, si bien mérité de la Serbie et de l'Europe, nous rappelle, en outre, qu'aux responsabilités du chef d'armée les circonstances vous contraignent de joindre celles du chef d'Etat. Nous savons, Monseigneur, que vous portez sans faiblir ce double fardeau, et dans le glorieux rayonnement dont s'illustre votre nom nous apercevons avec joie l'aube d'un grand règne. Il nous est doux enfin de penser que vous aimez notre pays jusqu'à dire de votre chère Serbie qu'elle est la France des Balkans. Pour toutes ces raisons, Monseigneur, Paris, confondant votre espérance avec la sienne, vous accueille d'une ardeur enthousiaste et c'est l'émotion de la France elle-même qui fait battre aujourd'hui le cœur de la capitale. (*Applaudissements.*)

Il y a quelques jours, l'éminent diplomate qui représente votre pays auprès du Gouvernement de la République rappelait qu'à aucune époque de leur histoire la France et la Serbie n'avaient pris les armes l'une contre l'autre. Cette constatation historique commente avec une magnifique clarté le sentiment qui nous tient réunis. Il fut toujours en nous de nous aimer.

Nulle autre race plus que la race française ne pouvait être sensible à cette dignité du caractère, à cette bravoure innée, à cette solidité morale que la noblesse de la terre imprima toujours au peuple serbe. Le patriotisme vivace et généreux qui nous est commun n'est pas cette aveugle fureur qui ne sait plus distinguer le faux du vrai ni le mal du bien, dès lors que l'intérêt national est en jeu, c'est l'amour éclairé du patrimoine que nous ont légué les ancêtres, et cet amour se fortifie chez vous comme chez nous par le sentiment d'une mission suprême qui dépasse nos frontières. Ce fut votre rôle historique, en effet, de faire à la chrétienté un rempart de votre corps contre les barbares d'Orient. C'est le nôtre à présent de maintenir contre les barbares d'Occident notre terre et nos cieux, la tradition de notre pensée, l'héritage des siècles. Nous luttons pour la dignité de l'homme et pour le droit des nations, et c'est pourquoi, barbares d'Orient et barbares d'Occident s'étant enfin ligués pour l'asservissement de l'univers, nous nous sommes trouvés tout naturellement unis pour la défense de nos intérêts les plus sacrés, devenus ceux de l'humanité toute entière. (*Très bien! Très bien!*)

Dix-neuf mois de fraternité d'armes, pendant lesquels nos armées ont rivalisé d'héroïsme, ont redoublé notre admiration pour la constance de votre peuple et la vaillance de vos soldats.

Nous vous avions vus, avec quelle sympathie! faire triompher au cours des deux guerres balkaniques votre idéal séculaire. Mais quels mots pourraient traduire notre émotion devant cette farouche résistance que vous avez opposée à la première invasion autrichienne, devant ce prodigieux sursaut d'énergie, qui, lors de la deuxième, ramena la victoire sous vos drapeaux, devant la sublime résolution qui vous fit, lorsque vous avez dû plier sous l'effort de deux grands empires, préférer à la soumission escomptée par vos ennemis les terribles hasards de la retraite et vous engager hardiment dans le chemin de l'exil, qui était pour vous la route de l'honneur! (*Applaudissements répétés et bravos.*)

D'avoir osé concevoir le dessein d'abandonner vos foyers souillés par l'occupation étrangère pour demeurer en mesure de les reconquérir, c'est une entreprise qui suffirait à immortaliser le peuple serbe. Nous considérons comme un honneur qu'il nous ait été donné d'y collaborer.

Demain, Monseigneur, votre patrie sera deux fois à vous, car après l'avoir reçue de vos aïeux vous aurez dû la reprendre à vos ennemis. (*Très bien! Très bien!*)

A l'heure actuelle l'armée serbe achève de se reconstituer à Corfou. Bientôt, confondue avec la nôtre et celle des alliés près de votre frontière, elle reprendra sa place sur les champs de bataille où elle s'est conquis tant de gloire : la première elle foulera votre sol national. Nos vœux dès maintenant s'en vont vers elle et peut-être déjà l'accompagnent. L'avenir lui réserve une récompense éclatante. Déjà des présages nouveaux frémissent dans l'air, déjà un nouveau souffle agite nos drapeaux. Puisse le jour être proche, Monseigneur, où s'ouvriront toutes grandes sur eux les ailes de la Victoire ! (*Double salve d'applaudissements et bravos.*)

III

RÉCEPTION A L'HOTEL DE VILLE DE M. SALANDRA PRÉSIDENT DU CONSEIL DES MINISTRES DU ROYAUME D'ITALIE ; M. SONNINO, MINISTRE DES AFFAIRES ÉTRANGÈRES ; M. LE LIEUTENANT-GÉNÉRAL CADORNA, CHEF D'ETAT-MAJOR GÉNÉRAL DE L'ARMÉE ITALIENNE ; M. LE MAJOR GÉNÉRAL DALL'OLIO, SOUS-SECRÉTAIRE D'ETAT AU MINISTÈRE DE LA GUERRE POUR LES ARMES ET LES MUNITIONS.

(28 mars 1916)

La municipalité de Paris recevait le mardi 28 mars 1916, à quatre heures, à l'Hôtel de Ville : M. Salandra, président du Conseil des ministres du royaume d'Italie ; M. Sonnino, ministre des Affaires étrangères ; M. le lieutenant-général Cadorna, chef d'état-major général de l'armée italienne et M. le major général Dall'Ollio, sous-secrétaire d'Etat au ministère de la Guerre pour les armes et les munitions.

Les ministres italiens étaient accompagnés de MM. Aristide Briand, président du Conseil, ministre des Affaires étrangères ; Léon Bourgeois, Denys Cochin, ministres d'Etat ; Painlevé, ministre de l'Instruction publique, des Beaux-arts et des Inventions intéressant la Défense nationale ; Albert Métin, ministre du Travail ; Albert Thomas, Justin Godart, sous-secrétaires d'Etat au ministère de la Guerre, et de S. E. M. Tittoni, ambassadeur d'Italie à Paris.

Après que ces hautes personnalités eurent signé sur le Livre d'or de la Ville de Paris le procès-verbal de leur visite, le cortège officiel fit son entrée dans la salle des Séances, salué par l'*Hymne royal italien* et la *Marseillaise*. M. Adrien Mithouard, président du Conseil municipal, s'exprima ensuite en ces termes :

III

Réception, dans la salle des séances de l'Hôtel de Ville, de
M. Salandra, président du Conseil des ministres du royaume
d'Italie ; M. Sonnino, ministre des Affaires étrangères ;
M. le lieutenant-général Cadorna, chef d'état-major général
de l'armée italienne ; M. le major général Dall'Olio, sous-
secrétaire d'Etat au ministère de la Guerre pour les armes
et les munitions, le 28 mars 1916.

Messieurs,

En ouvrant cette séance solennelle, je suis
assuré d'interpréter vos sentiments unanimes si
j'adresse tout d'abord notre hommage à Sa Majesté
le roi Victor Emmanuel et à Sa Gracieuse Majesté
la reine Hélène.

Nous conservons, gravé dans nos cœurs, le souvenir de la visite que firent jadis Leurs Majestés
à notre Hôtel de Ville. Aujourd'hui, comme alors,
les élus et la population de Paris prient les nobles
Souverains d'agréer leurs vœux les plus ardents.
(*Applaudissements.*)

Monsieur le Président du Conseil,
Monsieur le Ministre,
Monsieur le Lieutenant-général,
Monsieur le Sous-secrétaire d'Etat,

Au nom de l'Assemblée communale, je vous souhaite la bienvenue dans cette Maison, où ont retenti tant d'événements de notre histoire.

C'est le privilège des grandes nations dont la fierté s'appuie sur un passé immémorial de trouver en elles-mêmes des directions impérieuses à l'heure où la fortune les appelle et de rencontrer, lorsqu'il en est temps, des hommes qui résument leur histoire dans une claire détermination. Paris qui vous acclame salue en vous le destin de l'Italie. (*Applaudissements.*)

L'accueil inoubliable que fit naguère le Capitole aux délégués du Gouvernement de la République émut profondément nos cœurs. Ce fut un légitime sujet d'orgueil pour nous qu'une voix autorisée associât en un pareil moment le peuple de Rome et le peuple de Paris, pareillement patriotes, pareillement épris de liberté, pareillement attachés à leurs franchises, et dès longtemps la population parisienne était jalouse de vous marquer à son tour une enthousiaste amitié : l'honneur que vous nous fîtes en acceptant notre invitation comble un de nos vœux les plus chers.

Il sera dit un jour par ceux qui écriront la chronique de ces années fameuses où se joue sur les champs de bataille le sort du monde, qu'à l'heure où l'Italie et les peuples alliés resserraient leur accord et concertaient leur action, l'on entendit un instant retentir dans la mêlée la voix des capitales. Il sera dit que, Paris répondant à Rome, le

nom de ces deux villes, créatrices d'unité nationale, servit à désigner l'enjeu de cette guerre où
nous luttons ensemble pour l'intégrité des nations.
(*Vive approbation — Très bien ! Très bien !*)

Depuis deux mille années que les villes d'Italie
et les villes de France ont institué entre elles,
dans les lettres et les arts, cette émulation généreuse où s'est formée notre civilisation d'Occident, nos deux pays se sont assez profondément
pénétrés l'un l'autre pour ne se méprendre sur
aucune des nuances de leur pensée. Des siècles de
relations heureuses leur ont appris à s'aimer en se
respectant, et nous savons à merveille que le fonds
commun de nos esprits n'exclut ni l'indépendance
de nos actes, ni le soin de nos intérêts propres.

Mais lorsque tout à coup l'Autriche adresse à
la Serbie l'ultimatum, et qu'aussitôt l'Allemagne,
déchirant les traités qu'elle a garantis, fait violence à la Belgique pour se précipiter sur nous,
deux mille ans de fraternité intellectuelle nous
font spontanément comprendre, dans l'éclair de
l'indignation, que ces forfaits vous ont déjà rangés
avec nous dans le secret de votre cœur.

Non, les légitimes héritiers de la Rome antique,
mère éternelle du droit, ne s'associeraient pas
aux contempteurs du droit ! Non, les dignes fils
des héros fondateurs de la liberté italienne ne se
feraient pas les complices des bourreaux de la
Belgique et de la Serbie. (*Vifs applaudissements.*)

Avec son sens aigu des valeurs morales, votre
peuple comprit aussitôt que cette guerre-ci n'était
point une guerre comme les autres. Et nous, Messieurs, qui avions mis en vous toute notre confiance et qui, depuis tant d'années, dans cet Hôtel
de Ville, nous étions faits les apôtres de l'union
franco-italienne, nous accueillions avec un frémis-

sement d'allégresse l'événement qui couronnait nos espérances, en apportant à la conscience universelle un indicible soulagement.

Mais voici qn'un dimanche du mois de mai 1915, nous avons vu passer sur la terre lumineuse l'ombre d'un grand oiseau sacré. C'était l'aigle romaine qui venait de prendre son vol et traversait nos cieux. (*Très bien ! Très bien !*)

Alors nous avons dit en votre honneur ce chant sixième du *Paradis* où Dante évoque la gloire de l'aigle immortelle dont l'aile fit planer sur le monde la sagesse martiale de Rome. Nous avons entendu chanter dans nos cœurs l'hymne enflammé que Mameli adresse à la Victoire, esclave de Rome. Et tandis que nous défendions la terre et les monuments de nos aïeux, nous avons tressailli à la pensée que vos pères étaient avec nous. (*Nouveaux applaudissements.*)

Ce sera l'immortel honneur de Sa Majesté le roi Victor-Emmanuel III et de son Gouvernement de s'être élevés au-dessus des craintes et des espoirs d'une politique de prudence et d'attente et d'avoir réalisé autour de plus grand risque et du plus héroïque dessein l'unanimité nationale.

Elle était libre, l'Italie, plus libre que ne fut aucune des nations engagées dans le conflit, de pencher vers la paix ou vers la guerre. Elle portait l'une et l'autre dans le pli de sa toge et il lui était laissé de choisir.

Mais il savait bien, le petit-fils de Victor-Emmanuel II, et vous saviez aussi, vous les sûrs héritiers de la tradition de Cavour, que seule la guerre pouvait assurer à votre patrie le triomphe complet de ses revendications nationales, que l'Italie tant de fois soulevée au cri de « Fuori Barbari ! » ne pouvait être absente d'une guerre où toute la barbarie se ruait à l'assaut de toute la civilisation, et qu'enfin, tandis que les destins du monde étaient en suspens, la majesté du peuple qui a Rome pour capitale lui commandait de jeter son épée dans la balance.

Aussi, quand le Germain essaie d'ajouter l'injure au crime, comme elle est fière et qu'elle émeut les cœurs français, la réponse du citoyen romain : « Puisque je parle du Capitole, réplique Son Excellence M. Salandra, et puisque je représente à cette heure solennelle le peuple et le Gouvernement de l'Italie, moi, modeste citoyen, j'ai le sentiment d'être beaucoup plus noble que le chef de la maison de Habsbourg. » (*Toute l'assistance est debout et salue ces paroles d'une triple salve d'applaudissements.*)

Depuis un an bientôt que, suivant la magnifique expression de votre d'Annunzio, le sort a été jeté sur la table rouge de la terre, nous avons pu apprécier la vaillance de l'armée italienne et la science de ses chefs. La stratégie prudente et audacieuse du général Cadorna (*Vifs applaudissements — Toute l'assistance se lève et acclame le général Cadorna*), les prodiges d'endurance et de bravoure qu'ont déployés vos soldats pour lutter sur les terrains les plus difficiles contre un ennemi qui, aux avantages de la position, ajoute les ressources de la déloyauté, n'ont nulle part de plus chauds admirateurs que chez nous.

C'est d'un cœur rayonnant d'espoir que j'adresse devant vous, pour qu'il s'en aille vers l'Isonzo et vers le Carso et pour qu'il monte jusqu'aux cimes des Alpes, le salut de Paris aux intrépides armées italiennes. (*Applaudissements.*)

Messieurs, vous êtes venus à Paris pour coordonner notre action et pour resserrer les liens déjà si forts qui nous unissent. Il ne nous appartient pas de préjuger des résultats de votre mission. C'est pour nous un assez grand honneur qu'il nous ait été donné d'être les témoins de cet événement mémorable. Qu'il me soit seulement permis de rendre hommage au nom de la Cité aux hommes éminents qui, s'appuyant sur la volonté d'un grand roi et les sympathies d'un grand peuple, ont été les initiateurs de l'intervention italienne, et qui, en venant s'accorder avec nous, préparent le triomphe des idées éternelles que Rome et Paris ont répandues sur le monde. (*Salves d'appaudissements et bravos. — L'assistance se lève de nouveau pour applaudir l'orateur.*)

IV

FUNÉRAILLES NATIONALES DU GÉNÉRAL GALLIÉNI

Discours prononcé dans la Cour des Invalides
le 1er juin 1916

Le 30 mai 1916, le Président du Conseil municipal adressait l'appel suivant à la population parisienne :

« Habitants de Paris,

« Le Gouvernement a décidé que des funérailles nationales seraient faites au général Galliéni.

« Les Parisiens n'ont oublié ni la proclamation qui exalta tous les cœurs, ni les mesures prises pour organiser la résistance de la capitale, ni les combats de l'Ourcq, prélude de la victoire de la Marne. Toute la population voudra s'associer à l'hommage qui va être rendu par la France à ce grand Chef.

« Je suis l'interprète du Conseil municipal en vous demandant à tous de vous trouver jeudi sur le passage du cortège pour honorer la mémoire et saluer la dépouille du défenseur de Paris.

« Adrien Mithouard,
« *Président du Conseil municipal.* »

Les obsèques avaient lieu, aux Invalides, le 1er juin. Après la cérémonie religieuse à l'église Saint-Louis, des discours étaient prononcés, dans la cour d'honneur des Invalides, devant le cercueil placé sur une prolonge d'artillerie et recouvert d'un drap tricolore voilé de gaze mauve.

M. Adrien Mithouard, président du Conseil municipal de Paris, a pris le premier la parole et s'est exprimé en ces termes :

IV

Monsieur le Président de la République,
Messieurs,

Puisqu'il faut qu'une voix exprime l'émotion
d'une grande foule assemblée pour ces funérailles,
j'apporte au général Galliéni l'adieu solennel de la
capitale.

Une seule passion remplit la carrière de ce
grand chef, la plus belle qui puisse réchauffer le
cœur de l'homme, la plus pure qui puisse le con-
duire vers la perfection de son intelligence : la
passion de servir.

Mais qu'il serve la France au Sénégal, au Ton-
kin ou à Madagascar, chaque entreprise qui
accroît en lui l'expérience des choses et la con-
naissance des hommes, chaque année de patient
labeur qui dépouille en lui les facultés critiques
de l'esprit, chaque difficulté qui l'enrichit d'un
don nouveau, chaque épreuve qui ajoute à la solidité morale du soldat, tous ces mérites et tous
ces beaux services concourent à former pour le
moment suprême cette volonté stoïque qui tient
dans une intelligence lucide. A mesure qu'il sert
la patrie, la patrie prépare en lui l'homme dont
elle aura besoin dans une circonstance éclatante.

Et quand, à l'heure exacte et au temps juste,

cette volonté si nette se détermine, servie par une si riche intelligence, c'est une victoire française.

Pour nous, Parisiens, nous connaissons du général Galliéni deux choses : une parole et un acte.

Une parole : elle fut brève, elle est dans toutes les mémoires, elle sonne comme de l'airain. Le texte est sobre et mordant comme le profil d'une médaille, les circonstances où il se place lui assurent un relief éternel.

C'étaient ces jours fameux où la population parisienne regardait avec gravité les troupes d'Afrique défiler sur nos boulevards. Nous venions d'apprendre que l'ennemi occupait Senlis. Déjà l'on entendait frémir au loin ses bataillons : un sentiment d'attente pesait sur la ville. Deux phrases du général Galliéni firent la somme de tous les courages et fixèrent au moment critique le moral de Paris, et la promesse qu'il nous fit alors de résister jusqu'au bout devint et reste aujourd'hui la formule des résolutions françaises.

Telle fut, le 3 septembre 1914, la vertu d'une parole.

Et voici l'acte :

Le 5, saisissant avec une rapidité foudroyante la chance que lui offrait la fortune, le Gouverneur militaire de Paris jetait sur le flanc de son adversaire l'armée que commandait son noble frère d'armes le général Maunoury, et bientôt, dans la coopération de toutes les armées françaises, la victoire de l'Ourcq devenait la victoire de la Marne. Paris était sauvé.

Aussi Paris, mêlant au deuil public de la patrie le sentiment jaloux de sa propre reconnaissance, apporte-t-il à ces funérailles l'émotion et la douleur de tous ses foyers.

La grande Cité si bonne, si courageuse et si aimante, ne sait aimer que là où elle admire. Ce n'est point seulement à cause du bienfait qu'elle se presse autour de ce cercueil, ni à cause du péril partagé, ni pour ce beau redressement moral qu'elle dut à son gouverneur : dans une claire décision dont l'efficacité modifie l'histoire, l'instinct du peuple de Paris reconnaît un chef-d'œuvre du génie français.

Adieu, mon général. Nous avions fait un autre rêve. Il plaisait à nos âmes impatientes de devancer la fin des batailles et d'entrevoir dans l'avenir ce jour triomphal où, avec vos compagnons d'armes, vous seriez accueilli en vainqueur, dans l'Hôtel de Ville de cette Cité séculaire dont vous avez sauvé les trésors.

Votre œuvre était achevée : la Gloire n'a pas voulu attendre.

Le cri de reconnaissance par lequel la population parisienne se promettait de vous payer un jour sa dette et de libérer son cœur, il faut qu'elle le refoule désormais en elle-même, et voici qu'elle vous l'apporte, contenu dans le grand silence de ces foules.

Ce n'est pas seulement le peuple de Paris qui vous salue, ce sont toutes les maisons et tous les monuments de cette cité dont l'existence est votre ouvrage, ce sont les rives de la Seine et les collines des faubourgs, ce sont toutes nos gloires et toutes nos espérances qui s'inclinent devant vous.

Adieu, mon général.

V

L'HISTOIRE DU PATRON DU CHALUTIER

Conférence faite dans le grand amphithéâtre de la Sorbonne
à la Matinée du 20 juin 1916

Les organisateurs des *Matinées Nationales* qui furent données à la Sorbonne pendant l'hiver 1915-1916 avaient demandé au président du Conseil municipal de Paris de vouloir bien y prendre la parole.

Le dimanche 20 février 1916, M. Adrien Mithouard commentait en ces termes, devant le public qui se pressait dans le grand amphithéâtre de la Sorbonne, l'histoire du patron du chalutier anglais et de l'équipage du zeppelin désemparé :

V

Conférence faite au grand amphithéâtre de la Sorbonne
à la Matinée nationale du 20 février 1916.

————

L'histoire du patron du chalutier.

Mesdames,
Messieurs,

En prenant la parole dans une de ces *Matinées
Nationales* où les Parisiens, privés de leurs
musées, de leurs concerts et presque de leurs
théâtres, privés aussi de la société intellectuelle
de tant d'amis qui sont devenus des soldats,
viennent parfois chercher le dimanche ce rafraî-
chissement de l'esprit dont un Français ne peut
rester longtemps privé, je ne puis me défendre
de me reporter aux circonstances qui ont fait
naître ces belles réunions.

Qui de vous ne se souvient de l'aspect grandiose
du Paris de septembre 1914 ? Le départ des mobi-
lisés, l'exode d'une partie de la population avaient
rendu nos rues solitaires : les autobus étaient
partis au front et les taxis à la bataille de l'Ourcq.
Paris ne semblait plus parler qu'à mi-voix. Le soir,
une obscurité complète régnait sur la ville : c'était
le grand silence. Tous nos esprits étaient tendus
ensemble : l'ennemi approchait. Et ce grand Paris,

rendez-vous des peuples et cerveau du monde, ce grand Paris mouvant, hardi et spirituel, s'était enveloppé tout à coup dans un immense recueillement. Ah ! Messieurs, je ne puis, après dix-huit mois, me retrouver devant une grande assemblée de Parisiens sans que, du fond de moi-même, remonte l'émotion de ces jours héroïques.

Trois ou quatre fois seulement au cours de notre histoire, Paris a connu des moments aussi tragiques et aussi beaux. Ce sont là comme des points culminants où toute notre âme demeure suspendue dans une émotion sublime. Ensuite la vie recommence. Quand le danger fut écarté, nous avons senti le besoin de nous retrouver pourvus d'un cœur et d'un cerveau. Nous avons rouvert nos livres : on lit beaucoup pendant la guerre; et c'est alors que les organisateurs de ces matinées ont eu la très heureuse inspiration de nous offrir des vers, de la musique, de l'air pur. Il importe, en effet, à la bonne santé française que jusque dans les délassements de ces jours de combat, nous gardions cette aisance intellectuelle qui donne l'assurance du cœur et demeurions accoutumés à toutes les nobles démarches de l'esprit.

Au reste, il y a dans cette guerre plus de beaux faits d'armes à retenir que toutes nos chansons de geste réunies n'en contiennent, et les illustres crises dont est fait notre théâtre classique n'offrent rien d'aussi poignant que tant de situations individuelles ou nationales, politiques ou militaires dont le monde est maintenant rempli.

Puisqu'en France l'on se plut toujours à entremêler les récits et les combats, laissez-moi m'acquitter des devoirs de ma présidence, en vous contant, tout comme si je l'eusse rencontrée dans un vieux chroniqueur, une histoire que vous avez lue récemment dans les journaux, mais que je n'hésite pas à reprendre, car nous n'aimons rien tant que d'entendre conter les histoires que nous connaissons déjà. C'est l'histoire du patron du chalutier.

Un des premiers matins, donc, du présent mois de février, un petit bateau venait de sortir du charmant port anglais de Grimsby, pour aller pêcher dans la mer du Nord. Chacun sait en quoi consiste la pêche au chalut. La barque qui s'avance bordée d'écume, sautant de lame en lame et courbée par le vent, traîne au fond de la mer un grand filet que tient ouvert une lourde armature et les poissons sont pris dans une poche. Alors les bons gas de la mer relèvent l'énorme engin à l'aide d'un treuil. Rude est l'effort : c'est un dur métier. La corde se tend :

> Bon signe que c'est plein !
> Le chalut, en effet, monte au bout de la drisse
> Plein et lourd, gonflé, rond comme un sein de nourrice,
> Un moment, au-dessus du pont, en globe il pend.
> Largue tout ! Et ce lait de poissons se répand
> Pêle-mêle de sauts, de couleurs, d'étincelles...

Mais laissons ces rutilantes descriptions où vous avez reconnu la muse marine de Richepin. La pêche, ce matin-là, ne devait pas être fameuse : il faut beaucoup de vent pour prendre beaucoup de poissons, et ce matin-là la mer était assez calme : c'était un temps à zeppelins.

Ces marins de nos côtes anglaises et françaises sont, dans toute la vérité du mot, des gens bien trempés. Il faut qu'ils risquent leur vie pour gagner leur vie. Leur âme est naïve, leur cœur franc, leur courage sans borne. Ceux qui les ont vus du rivage, quand la tempête est déchaînée, affronter des vagues hautes comme des collines

pour se porter au secours d'un navire en perdition, ont mesuré leur bravoure. Enfin ce sont, par
profession, des gens de cœur.

De leurs yeux habitués à fouiller l'horizon, nos
pêcheurs de la mer du Nord découvrirent bientôt
à bonne distance un monstre énorme et tel qu'ils
n'en avaient oncques aperçu. Cela avait une forme
oblongue, et la chose était d'importance puisque
le patron raconta ensuite qu'elle émergeait de
quarante mètres, ce qui représenterait deux fois la
hauteur des plus hautes maisons de nos grandes
villes. C'était, vous l'avez deviné, un zeppelin en
détresse, dont une extrémité plongeait dans l'eau
et dont l'autre pointait vers le ciel. Et, en effet,
les journaux nous ont appris que cette nuit-là, les
zeppelins avaient jeté sur l'Angleterre des bombes
qui avaient tué soixante et une personnes et qui
en avaient blessé cent une autres.

Que pensez-vous que vont faire le patron et ses
huit hommes ? N'en doutez pas. Ils font d'abord
comme d'habitude. Ils se portent spontanément
au secours des malheureux. On aperçoit ceux-ci
cramponnés aux flancs du monstre, vêtus de peaux
de bêtes et coiffés de bonnets de fourrure, comme
des gens qui reviennent d'une expédition polaire.
Il y en a huit : la partie semble égale.

Mais voici que la scène change : à mesure que
le chalutier s'approche, les Allemands se multi-
plient : on en compte bientôt dix-huit ou vingt.

Devant la conscience de ces simples braves
gens, un problème se pose donc tout à coup, sin-
gulièrement épineux. Si les pirates sont les plus
forts, le devoir est-il de les sauver ou de les
perdre ?

Alors un dialogue s'engage. Ecoutez la demande et la réponse :

« — Qu'y a-t-il? » interroge à distance prudente le patron du chalutier.

« — Envoyez-nous un canot et je vous donnerai cinq livres », répond en anglais le chef des naufragés, dont la veste est ornée de boutons d'or.

« — Si vous n'étiez pas si nombreux, je vous emmènerais », réplique le patron.

« — Cela ne signifie rien », reprend l'Allemand.

« — Mais, dit le patron, supposez que je vous prenne à mon bord et qu'en cours de route vous me jetiez à la mer pour rejoindre la côte allemande... »

« — Je vous donne ma parole que nous n'agirons pas ainsi. »

« Je vous donne ma parole », voilà pour le patron du chalutier un nouveau sujet de réflexion, et d'autant plus embarrassant qu'il lui faut se décider sur l'heure. Une parole donnée tient sa valeur de celui qui la donne et celui qui la donne ici, sous le coup de la nécessité, est justement de cette nation qui s'enorgueillit de ne pas la tenir.

Nous autres Français, qui avons eu un fabuliste, nous connaissons déjà la circonstance et nous n'avons pas oublié cette morale par laquelle La Fontaine termine la fable du *Chat et du Rat* :

> ... Aucun traité
> Peut-il forcer un chat à la reconnaissance?
> S'assure-t-on sur l'alliance
> Qu'a faite la nécessité ?

Alors le patron du chalutier prit son parti et voici comme il le motiva dans son cœur :

« En dépit de cette assurance, je songeai que ces gens étaient armés, alors que nous ne possédions pas même un pistolet à bord. Je me souvins de ce qu'avaient fait les Huns et de ce qu'ils pouvaient faire encore. J'avais vu trois croix de fer peintes sur le zeppelin dont deux sur un des flancs et une sous l'extrémité cuirassée de bois qui pointait vers le ciel. Je supposai que ces trois croix étaient le prix d'exploits antérieurs et je ne me souciai pas de leur en valoir une quatrième. »

Observons en passant la finesse des navigateurs qui ne perdent jamais de vue le moindre détail d'un événement. Ulysse qui navigua dix ans sur les flots de la mer antique ne raisonnait pas avec plus de prudence que ce marin anglais.

Et donc le patron et ses huit hommes s'en furent à la recherche d'une canonnière ou d'un navire de patrouille qui pût se charger de ce qu'ils n'étaient pas à même de faire, et le patron conclut par cette réflexion : « En temps de paix, évidemment, j'aurais pu les transporter en deux voyages. »

Dieu me garde d'exercer ici mon ironie aux dépens des naufragés du zeppelin.

J'ai pensé simplement qu'il y avait là une précieuse histoire dont il ne fallait pas laisser perdre le souvenir et dont il convenait de tirer l'enseignement.

Le drame qu'elle évoque et la question de morale qu'elle nous propose ne sont pas moins graves que ceux dont notre littérature est remplie et les sentiments s'y heurtent avec la même force que dans *Polyeucte* ou dans *les Horaces*.

A une époque où notre monde enfante des légions de héros, voici que se pose, sur une pauvre barque isolée dans l'immensité de la mer, cette question inopinée, dure et précise : « Qu'est-ce que l'héroïsme ? Quelles en sont les conditions et les limites ? »

Un homme se comporte héroïquement quand il risque sa vie pour sauver un autre homme. Mais voilà déjà qui suppose deux acteurs, et il y a lieu de nous demander quels ils sont l'un et l'autre. La chose allait toute seule depuis le commencement du monde : les Allemands à force de crimes ont réussi à la compliquer.

Le patron du chalutier, placé dans le cas de sauver son semblable, ne peut qu'être fort ému de se trouver en face d'un semblable qui lui est si peu semblable.

Ce ne sont point, en effet, des hommes comme les autres que ces gens qui s'en vont dans l'air dans des carcasses d'aluminium pour massacrer à loisir des populations innocentes. Notre marin qui, sans doute en lisant de vieux livres dans les veillées, a retenu quelques notions d'histoire, les juge tout de suite : il les appelle des *Huns*. Il sait qu'ils appartiennent à cette nation qui ne connaît ni les lois, ni la justice et dont César disait déjà, il y a deux mille ans, qu'elle exerçait des ravages chez ses voisins « pour occuper la jeunesse et pour passer le temps : *juventutis exercendæ ac desidiæ minuendæ causa* ».

Voilà donc la donnée première du problème qui se précise : les gens exposés à périr sont des brigands.

Quelle est, dans cette occasion, la conduite que devra tenir l'homme sans peur et sans reproche ?

Le patron du chalutier va voir les choses de près, il parlemente, il s'enquiert, et il comprend que la règle du jeu est devenue ici la loi de l'honneur. S'il peut ramener les pirates en Angleterre, il les sauvera; s'il doit être emmené par eux en Allemagne, il les laissera périr.

Ayant vu, pesé et comparé, il décide, avec cette

justesse d'instinct et de raison qui fait connaître en lui une bonne tête d'Occident.

Il pose magistralement le principe : quand l'homme qui crie à l'aide est un pirate, il faut, pour le sauver, que la partie soit égale.

Nos pêcheurs étaient huit contre vingt et ils étaient sans armes. Il leur manquait des revolvers pour être humains.

Et là est bien le crime des Allemands. Ils ont mis l'homme dans le cas d'être moins humain. Ils ont enseigné la doctrine de la force, ils ont érigé la terreur en système, et ils se sont fait une morale nationale de cette immoralité. Comment donc, si vous ne croyez plus qu'à la force, les choses pourraient-elles tourner autrement qu'il en advint ici, lorsque, par un juste retour des choses, il se rencontre que c'est le fort qui a besoin du faible.

Et voilà où l'on aperçoit que le bon sens, qui est la qualité la plus étrangère à l'Allemagne et qui constitue à l'homme une incomparable réserve de morale et d'intelligence, dès l'instant que tout est remis en question, doit régler jusqu'à la bonté, jusqu'à la bravoure et jusqu'à l'honneur.

Et voilà où il devient clair qu'en lacérant les traités, on se retranche par là même le droit d'invoquer la loi non écrite.

Ce n'est point parce que le zeppelin est venu hier jeter ses bombes sur l'antique et glorieux vaisseau de la Cité parisienne que je me complais à commenter aujourd'hui sa perdition. Les Parisiens ont fait preuve d'assez de calme pour qu'il ne soit pas besoin de leur faire entendre des paroles de vengeance ou d'indignation.

Ce qui est grave pour nous Français qui avons, à travers les siècles, fait profession de chevalerie, qui avons donné au monde toutes ces nobles institutions qui concourent à mettre la force au service du droit, c'est qu'une nation se soit aujourd'hui formidablement armée pour détruire l'œuvre morale des siècles, pour restaurer la violence et pour rendre impossible aux hommes l'usage de la générosité.

Ce n'est pas d'hier que l'Allemagne a proféré ce blasphème. Dès le temps de la chevalerie, il s'étalait dans des chansons de geste, d'inspiration germanique, le *Gaydon* et l'*Amis et Amiles* où l'on trouve dressé un *Contrecode* de la chevalerie. C'est à la race des Mayençais qu'il appartint de formuler cette législation épouvantable : « Vous ne serez loyal envers personne ; vous ne garderez pas votre foi envers votre seigneur ; vous trahirez et vous vendrez les honnêtes gens ; vous élèverez le mal et abattrez le bien ; vous raillerez les pauvres ; vous déshériterez les orphelins ; vous dépouillerez les veuves ; vous déshonorerez l'Eglise ; vous mentirez sans pudeur et vous violerez vos serments. » Voilà ce qu'on peut lire dans le *Gaydon*. Et dans *Amis et Amiles* : « Brûle les villes ; brûle les villages ; brûle les maisons ; jette bas les autels et les crucifix. C'est le vrai chemin de l'honneur. »

Les peuples d'Occident qui ont donné au monde la chevalerie ne renieront pas leur tradition généreuse. Mais ils n'entendent pas moins retenir toutes les leçons que comporte la tradition immorale de leurs voisins.

Cette Allemagne, où toute la vie morale et intellectuelle a été transformée en un vaste mécanisme, ressemble à ce monstre qui flottait un instant sur la mer. Quand les Allemands n'auront plus confiance dans leur machine, un quart d'heure avant de périr, ils tiendront sans doute le langage que le capitaine aux boutons d'or adressait aux marins anglais, et le grand problème historique se posera, qui embrasse dans un immense avenir la vie de nos enfants et la fortune de la France.

On nous demandera d'être chevaleresques : il faudra alors regarder l'événement de sang-froid, avec le solide regard du marin : il faudra, pour évaluer le prix et les limites de notre héroïsme, évoquer les cathédrales incendiées, nos industries détruites, nos villages démolis, notre terre souillée, l'élite de la jeunesse française couchée dans un grand cimetière qui va de Belfort à Boulogne. Nous regarderons tout cela dans un froid coup d'œil et nous devrons juger sans faiblesse, nous les plus humains des hommes, dans quelle mesure il est sage de tolérer, pour l'avenir, les démarches et les évolutions d'un si monstrueux voisin.

VI

DEUX CÉRÉMONIES INTIMES A L'HOTEL DE VILLE

Les deux allocutions qui suivent ont été prononcées dans des cérémonies d'un caractère tout intime qui eurent lieu à l'Hôtel de Ville et qui sont peut-être de nature à intéresser au delà du petit cercle de ceux qui y prirent part.

La première avait pour objet de commémorer les vingt-cinq années de mandat de MM. Froment-Meurice, Alpy, Berthaut et Ernest Caron, conseillers municipaux de Paris.

La seconde a été prononcée quelques semaines plus tard, à l'occasion de la remise d'une médaille commémorative à M. Lampué, doyen d'âge du Conseil municipal.

I

Commémoration des vingt-cinq années de mandat de MM. Froment-Meurice, Alpy, Berthaut et Ernest Caron, dans le cabinet du Président du Conseil municipal le 20 décembre 1915.

Mes chers collègues,

C'est une belle coutume que la nôtre, et chaque fois qu'un de nos anciens est parvenu à cette vingt-cinquième année de mandat où nous nous réunissons pour le féliciter, les cœurs se rapprochent, notre tâche de conseillers nous apparaît répartie sur de grands horizons et nous nous sentons orgueilleux de vivre dans cet Hôtel de Ville où se perpétue, par de si nobles exemples, la tradition du travail, du devoir et du dévouement. (*Applaudissements.*)

L'année 1915 n'est point une année ordinaire. Une place singulière lui sera réservée dans notre histoire nationale, comme dans notre histoire municipale ; elle occupera aussi une place de choix dans les annales de notre amitié, puisque pour la première fois, en 1915, nous aurons remis cette médaille commémorative à quatre de nos collègues d'un seul coup.

Pour la première fois aussi, en 1915, nous aurons été privés du plaisir de leur offrir une médaille d'or. La Monnaie n'en frappe plus : il n'est d'or ici que notre cœur. (*Très bien ! Très bien !*)

Que nos collègues veuillent donc bien accepter,

provisoirement, des médailles faites de cet airain de Corinthe dont le consul Mummius avait trouvé le secret dans les conflagrations de la guerre. *Omnibus non licet...* (*Rires.*)

Vingt-cinq ans de mandat ! Avoir été pendant vingt-cinq ans le geste, la pensée, la parole de notre grandiose et cher Paris ! Vingt-cinq ans avoir géré son patrimoine, ses idées et son influence ! Quelle belle carrière, Messieurs, que la nôtre, quand on a le bonheur de la pousser si loin ! Si je totalise les bons services de ces quatre collègues, c'est un siècle de dévouement que j'ai devant moi ! (*Applaudissements.*)

L'un, qui fut secrétaire d'âge, semble l'être demeuré et son ancienneté, démentie par le rayonnement juvénile de son visage, a l'air d'un paradoxe. Du Parisien il a tout : le mordant, l'esprit enjoué, la promptitude, et comme eût dit Mme de Sévigné, le je ne sais quoi, qui n'est peut-être, après tout, que la sûreté d'un homme de bonne compagnie, aimant à pousser devant lui sa pointe. Donnez à Alceste l'amabilité de Philinte, et vous approcherez de son portrait, car on n'imagine guère ni comment il pourrait transiger avec lui-même, ni comment il pourrait cesser d'être aimable, tant il sait apporter d'entrain dans la franchise. (*Applaudissements.*) Nul ne s'y méprend : tant de bonne grâce ne sert qu'à revêtir la fermeté de l'homme, décidé, résolu, inflexiblement attaché à ses principes ; en commémorant ses vingt-cinq ans de mandat, nous honorons en lui l'élégance du courage français. (*Applaudissements.*)

L'autre est cet ancien magistrat, resté debout, et qui, malgré qu'il en eût, n'a pas démissionné tout à fait. Il semble que sa force soit doublée, quand il paraît à la tribune, un texte à la main, pour développer les arguments du droit. Cette noble formation que rehaussent la solide construction de sa figure et le poids de son regard, nous le découvre sous l'aspect sévère d'un Romain. Aussi dédaigneux de faire plier autrui que peu enclin à plier lui-même, il aime requérir plutôt qu'à conquérir, et c'est justement par là qu'il nous a conquis, car il n'y a rien de plus beau que la rigidité d'un caractère, rien de plus honorable qu'une longue carrière gardant jusqu'au bout son unité morale. (*Applaudissements.*)

Celui-ci, depuis ses débuts politiques, appartient au parti le plus avancé. Avec quelle modération pratique cependant, avec quelle sagesse malicieuse il s'exprime dans le particulier comme en public. A la façon droite et pénétrante dont il vous regarde, on devine tout de suite l'esprit averti qui sonde le fond des choses, le sens droit, le bon jugement. Ses convictions à lui aussi restent ardentes. Mais à cette flamme intérieure qu'il ne laisse pas s'éteindre, c'est de la lumière qu'il demande pour regarder la vérité et pour marcher droit. L'estime universelle qui l'entoure à l'Hôtel de Ville, distingue en lui l'homme de cœur et d'expérience qui s'est fait une haute idée de notre fonction et lui confère une dignité par son exemple. (*Applaudissements.*)

Celui-là, enfin, que je nomme le dernier, parce qu'il se présente ainsi dans l'ordre de l'alphabet, je pourrais bien dire aussi parce qu'il reste obstinément l'un des plus jeunes d'entre nous, nous le retrouvons à toute heure égal et pareil à lui-même, quand son expression pleine de clarté française se porte au-devant de l'interlocuteur pour le convaincre et au besoin pour le combattre. Un grain de fantaisie qui relève toujours le propos, voilà où il met sa signature. Or, c'est à chaque instant un merveilleux spectacle que de voir notre collègue développer dans un franc langage, que rien ne démonte ni rien ne précipite, les ressources d'une dialectique qui ne fut jamais prise au dépourvu. Quelle inappréciable collaboration notre ancien président n'a-t-il pas apportée à la Ville ! Dans quelle grande discussion n'est-il pas intervenu avec autorité ! Profondément attaché aux idées libérales, il met à leur service, comme au nôtre, une parole toujours en forme, une raison qui semble un ressort infatigable, une expérience qui vaut un trésor. En vérité, Messieurs, rien n'est capable de relever le prestige d'une Assemblée comme cette grande et honnête façon de soutenir nos débats. (*Applaudissements.*)

En fêtant nos anciens, Messieurs, rendons hommage à la finesse et à la clairvoyance des électeurs parisiens qui savent si bien distinguer la valeur et le talent.

La fidélité qu'ils ont marquée à ces quatre collègues témoigne autant de leur esprit de suite que de leur reconnaissance.

Mon cher Froment-Meurice, vous avez appartenu à la 1re, puis à la 3e Commission, où vous avez déployé une rare activité. Partout vous avez marqué votre place. Vos lumineuses interventions, votre spontanéité, votre franchise vous concilient tous les esprits et tous les cœurs. Vous avez bien mérité de la Ville. Recevez, avec cette médaille, la cordiale assurance de notre profonde estime. (*Applaudissements.*)

Mon cher Alpy, vous avez beaucoup travaillé parmi nous ; nous aimons l'ardeur avec laquelle vous défendez vos idées ; nous rendons aussi justice au zèle qu'en toute occasion vous savez mettre au service de l'intérêt public. Vous avez bien mérité de la Ville. Recevez, avec cette médaille, la cordiale assurance de notre profonde estime. (*Applaudissements.*)

Mon cher Berthaut, laissez-moi me souvenir aujourd'hui que vous avez été ici mon premier président de Commission et que vous avez guidé mes premiers pas. Plus que nul autre, j'ai apprécié la sûreté de vos rapports et la probité de votre jugement. Vous avez bien mérité de la Ville. Recevez, avec cette médaille, la cordiale assurance de notre profonde estime. (*Applaudissements.*)

Mon cher Caron, j'ai contracté envers vous aussi des devoirs d'amitié et de reconnaissance, comme nous tous. Mais je ne suffirais pas à dire tout ce que notre Assemblée vous doit. Vos nombreux, vos longs services sont écrits à tous les carrefours de la Cité. Vous avez, vous aussi, bien mérité de la Ville. Recevez, avec cette médaille, la cordiale assurance de notre profonde estime. (*Applaudissements*).

II

**Remise d'une médaille commémorative à M. Lampué, doyen
d'âge du Conseil municipal, le 16 mars 1916.**

Mon cher Doyen,

Il y a quelques semaines, nous célébrions ici
même les vingt-cinq ans de mandat de quatre de
nos collègues, et vous étiez parmi nous pour fêter
ces jeunes gens ; vous étiez là, avec ce sourire
auquel on n'atteint qu'à votre âge, le sourire fin
et transparent de l'homme qui sait attendre.

Vous aussi, en effet, lorsque vous êtes entré en
1890 dans cette maison, vous avez formé le
propos d'y passer vingt-cinq ans, et certes vous
êtes de ceux qui savent tenir leurs serments. Mais
vous eûtes toujours de la fantaisie dans l'esprit :
vous êtes allé par des chemins de traverse, vous
reposant parfois en route, vous disposiez du siècle ;
enfin vous vous y êtes repris à plusieurs fois pour
franchir l'étape, tant et si bien qu'à attendre
cette vingt-cinquième année de mandat pour vous
remettre notre médaille commémorative, nous
risquions tous d'être enterrés par vous.

Alors nous nous sommes avisés que vous étiez
notre doyen et nous avons fondé une tradition
nouvelle en l'honneur de vos quatre-vingts ans.

Ainsi nous est-il permis ce soir de nous instruire
deux fois à votre exemple, en demandant à votre
grand usage de la vie quelques-uns des secrets de

la sagesse humaine, et en nous mettant tous en route sur vos pas pour accomplir chacun à notre tour une aussi longue carrière. (*Applaudissements.*)

Vous nous avez conté quelque part, comme on sait conter au sud de la Garonne, les malheurs d'une enfance turbulente où vos maîtres de Polignan vous firent connaître le supplice de la grammaire latine. Vous ne vous doutiez pas alors qu'ils vous ménageaient le lointain plaisir de lire un jour, quand il serait temps, ce limpide et charmant dialogue *sur la Vieillesse*, où Cicéron, deux mille ans avant vous, avait justement prévu le rôle que vous étiez appelé à jouer dans la capitale du Monde. « C'est aux anciens, dit-il, qu'appartiennent l'intelligence, la raison, le bon jugement ; s'il n'y avait pas de doyens, il n'y aurait pas de cité. »

Et c'est pourquoi dans la loi de 1884, comme dans la Bible, comme dans l'Iliade, comme dans les constitutions romaines et comme dans notre vieille tradition gauloise, c'est l'ancien qui conserve la lettre et l'esprit et lui qui donne sa forme à l'Assemblée. Avant que les pouvoirs soient constitués, c'est lui que le législateur élève au siège présidentiel, c'est à lui qu'il confère d'abord le magistère de la parole. (*Nouveaux applaudissements.*)

Au reste, mon cher Doyen, s'il s'agissait de tracer votre portrait, ce ne serait point assez de remarquer que la loi vous a donné le droit de tout dire, il faudrait ajouter que votre tempérament vous en a donné l'envie (*Rires*), et cette hardiesse colorée, cette vagabonde aisance, cet humour que vous apportez à nous dire des vérités du haut d'un grand âge forment le trait dominant de votre figure : vous êtes né doyen.

Je vous compare à Nestor qui, ayant vécu deux âges d'homme, était appelé à prendre la parole en de certains moments solennels pour faire entendre aux Grecs tumultueux le langage de l'union sacrée.

À vos convictions ardentes, vous aimez à donner une expression vigoureuse. Il vous plaît de parler franc, et la vivacité de votre humeur indépendante évoque l'image de ces jolies chèvres de vos Pyrénées qui ne se plaisent qu'en liberté dans la montagne. (*Très bien ! Très bien !*)

Et tel est notre doyen, Messieurs, deux yeux vifs et malins dans une belle couronne de cheveux blancs. (*Vifs applaudissements.*)

Vos goûts et vos préférences, mon cher Lampué, vous ont toujours ramené à cette 4e Commission où les Beaux-arts vous attiraient et où l'Enseignement vous a retenu, ce qui ne vous a pas empêché de devenir le grand argentier du Conseil général. Nul ne s'en étonna : dans le financier, il y a toujours un artiste.

Votre carrière fut bien remplie, et non seulement par la longueur, mais aussi par la valeur de vos services. Notre amitié a donc voulu aujourd'hui rendre hommage à la droiture de votre caractère, à la constance de vos convictions, à la longue probité de votre vie publique, en vous offrant un souvenir qui fût égal à vous-même ; nous ne pouvions mieux vous marquer l'estime que nous avons pour votre personne qu'en vous décernant votre propre image.

Recevez donc, mon cher Doyen, cette médaille d'airain comme un durable témoignage de notre respect et de nos sympathies. Nous la frapperons en or le jour de la Victoire. (*Applaudissements prolongés.*)

TABLE DES MATIÈRES

---

356. — Imprimerie Artistique « Lux », 131, boulevard Saint-Michel, Paris

BLOUD & GAY, Editeurs, 7, place Saint=Sulpice, Paris (6ᵉ)

"PAGES ACTUELLES"

1914-1916

Nouvelle collection de volumes in-16 — Prix : 0 fr. 60

356 — Imprimerie Artistique « Lux », 131, boulevard Saint-Michel, Paris